Ingela Persson

SANKT OLOF (995-1030)

Svenska Katolska Akademiens Handlingar nr 12

Acta Academiae Catholicae Suecanae XII

Ingela Persson

Sankt Olof (995-1030)

SVENSKA KATOLSKA AKADEMIEN
— Academia Catholica Suecana —

Omslagsfoto: S:t Olof med yxan i S:t Olofs kyrka (foto: Oscar Porath)

Texten i detta häfte har tidigare publicerats i *Skandinavisk Katolsk Tidskrift,* Nummer 3, 2016, ss. 185-194. Några smärre ändringar och rättelser har gjorts i texten, som också kompletterats med flera illustrationer i färg

Förlag: BoD - Books on Demand, Stockholm, Sverige
Tryck: BoD - Books on Demand, Norderstedt, Tyskland
ISBN: 978-91-7699-611-9

Sante Ole, bed för mig![1]

Olav Haraldsson, av kungaätt, själv konung av Norge, och en stark, modig viking som, enligt Snorre Sturlasson,[2] gick ombord på ett härskepp allra första gången när han bara var tolv år gammal, var en grym härförare som lemlästade sina fiender och brände ned deras gårdar, men också ett älskat helgon och gift med en fager svensk prinsessa, Astrid, dotter till den svenske kungen Olof Skötkonung - hur omvände han sig i sitt hjärta till Kristus Konungen från att ha först och främst ha varit krigare och erövrare? Hur kallade Gud honom? Vilket var det första mirakel som ägde rum genom hans medlande?

Vi har faktiskt till ganska stor del svaren på dessa frågor, även om de närmare omständigheterna alltid kommer att förbli dolda och förborgade i helgonets eget hjärta, hos Gud och hos de sedan tusen år döda vittnena under de dimhöljda decennier som följde på S:t Olofs död år 1030, då han stupade i strid i slaget vid Stiklastad.

Vad som kan ge ledtrådar och stilla nyfikenheten i viss mån är Snorre Sturlassons *Olav den heliges saga* från 1200-

---

[1] Inristat med runskrift av en okänd pilgrim, troligen under 1300-talets första del, på en av stenpelarna i S:t Olofs kyrka i sydöstra Skåne.

[2] Snorre Sturlasson (1178-1241) var av isländsk hövdingaätt och verksam som politiker, kulturpersonlighet, författare och skald. Han fick en gedigen uppfostran i bl.a. Islands diktning och historiska minnen och ägde stor förtrogenhet med Islands och Norges gamla skaldskap och sagohävder.

talet samt en mirakelsamling, sammanställd av ärkebiskopen i Nidaros, Öystein Erlendsson, som troligen dokumenterade berättelserna om underverk som skett genom S:t Olofs medlande c:a 1150-1160, d.v.s. endast drygt hundra år efter helgonets död.[3] Närmare bestämt nedtecknade biskop Erlendsson nitton mirakler som skett med S:t Olofs hjälp. Tillförlitligheten i uppgifterna styrks av att prästerna i enlighet med rådande bruk och traditioner registrerade bönhörelser, olika underverks förlopp med mera och därvid noggrant angav vittnenas eller pilgrimernas namn, stånd och hemort samt tidpunkterna för händelserna.

Olav Haraldsson föddes år 995, var av ädel börd, son till Harald den grenske, småkung över Grenland i Sydnorge, och växte upp hos sin mor Asta och sin styvfar Sigurd, men det blev Hrane den vildfarne som tog hand om Olofs uppfostran. Beträffande Olofs person och utseende berättar Snorre Sturlasson att Olof tidigt blev en ståtlig och vacker man, var av medellängd, kraftig och stark, att han hade ljusbrunt hår och ett brett ansikte med ljus och röd hudton och vackra skarpa ögon. Han var duktig på allt - simmade bra, var skicklig med pilbåge och kastvapen, skicklig hantverkare och ”djärv och klok i talet, tidigt utvecklad på alla sätt, både till styrka och förstånd”. Han var även omtyckt av alla sina släktingar och bekanta. Han var kamplysten och ville vara bäst i allt.

---

[3] Eiliv Skard, Carsten Lien (utg.): *Passio Olavi: Lidingssoga och undergjerningane åt den heilage Olav,* Norröne bokverk; 26, 1930.

Olof började alltså sin bana som viking redan vid tolv års ålder, och hans bragder i krig som de är beskrivna av Snorre och i hos honom återgivna skalders alster ligger nära sagans förtrollade land. Som exempel på detta kan nämnas hur klippor rämnade och berghällar öppnade sig så att kung Olof obehindrat kunde segla fram, landstiga och erövra. Som viking satte Olof skräck i sina fiender - danskar, svenskar, engelsmän och finnar. Sigvat skald skildrar Olofs härjningar i England, som då styrdes av danska vikingar:

> *Den unge konungen*
> *lät blod färga engelskt hår*
> *Förr blev svärden bruna*
> *Av blod vid Nyjamodån*
> *Nu har jag räknat nio strider, norrman.*
> *Den danska hären föll*
> *i Olavs hårdaste strid.*

Snorre kan emellertid också berätta om hur Olof visade barmhärtighet och benådade sina fiender under en av striderna om makten i Norge. Fienden var ädlingen Hakon jarl, vars skepp sänktes av Olofs män. Hakon och några av hans män räddades ur vattnet och Olof sade till Hakon jarl:

Det är inte lögner som dina släktingar sprider om hur ståtlig du är, men nu är din lycka slut.

De båda männen munhuggs en stund och det slutar med att Olof släpper Hakon och hans män fria mot löfte att

de svor en ed på att aldrig angripa eller strida mot Olof
mer.

Det är känt att Olof som ung, kanske runt 1012-1013,
omvände sig till kristendomen under vikingatåg i Eng-
land där han bl.a. understödde den anglosaxiske kungen
Ethelred den II, som vid den här tiden kallades *Aethelred
the Redeless*, eftersom han vägrade av ta emot goda råd
(jämför svenskans "rådlös") och som i stället för att för-
söka bekämpa de danska vikingarna i strid betalade dem
dryga mutor i silver för att mota bort dem. Kung Ethelred
flydde för en tid till Normandie, dit också Olof kom, och
det var förmodligen där han döptes, i Rouen.

År 1014 blev Olof krönt till konung av Norge och år 1018
gifte han sig med Astrid Olofsdotter. Astrid var oäkta dot-
ter till den svenske kungen Olof Skötkonung och hans
frilla Edla och illa sedd av drottningen. Astrid tillbringade
därför sin barn- och ungdomstid i Västergötland, hos fos-
terföräldrar. Snorre berättar att hon "var en mycket vacker
kvinna och vältalig, alltid glad i talet och ödmjuk och giv-
mild."

Astrid fördes till Norge i sällskap av högt uppsatta män i
riket - Rögnvald jarl, flera män ur hirden och bondesöner
från Västergötland - och man nådde Sarpsborg vid kyn-
delsmäss. Olof hade förberett allt med de bästa drycker
som fanns att få och stora våningar till jarlen och man-
narna med god uppassning av flera tjänare. Man festade i
flera dagar och till sist kom man överens om brudgåva och
hemgift. Sedan fortsatte man gillet och firade Olofs och

Astrids bröllop. Året var 1018. Olof och Astrid fick ett barn, en dotter, Ulfild, som föddes runt år 1020.

Man kan anta att Astrid var varmt troende kristen. Hennes halvsyster, Ingegerd, som det egentligen var tänkt att Olof av Norge skulle gifta sig med, blev i stället av politiska skäl bortgift med storfursten Jaroslav av Ryssland, tog sig sedermera namnet Anna efter jungfru Marias moder och är helgonförklarad av den rysk-ortodoxa kyrkan som S:ta Anna av Novgorod.

Olof hade visserligen blivit Norges enväldige konung, men den danske kungen vid denna tid, Knut den mäktige, gjorde också anspråk på Norges krona och hade därtill många anhängare i Norge. Olof ville ena det politiskt splittrade riket och utrota hedendomen en gång för alla. De mäktiga i Norge bjöd honom hårt motstånd i båda dessa strävanden.

Olof av Norge och drottning Astrids bror Anund Jakob stred med framgång tillsammans mot Knut av Danmark i strider på Själland och i södra Skåne, men besegrades sedan av Knut vid Helge å i nordöstra Skåne år 1028, där staden Kristianstad långt senare anlades.

Efter nederlaget vid Helge å flydde Olof från sitt rike till storfursten Jaroslav i Gårdarike (Novgorod), vilken alltså var Olofs svåger, då Astrids syster Ingegerd var gift med honom. Här blev Olof erbjuden att ta över det hedniska riket Vulgaria (Bulgarien), men Olof avböjde detta erbjudande. Han ville i stället under en period i Ryssland avsäga sig kungatiteln och bege sig till Jerusalem för att gå i kloster.

Och det är här under vistelsen i Gårdarike hos Jaroslav och Ingegerd som Olof utför ett mäktigt mirakel:

Det var en rik änka, vän till drottning Ingegerd, vars son fick en halssvullnad som gjorde att pojken inte kunde få ned någon mat och därför var nära döden. Kvinnan uppsökte drottningen för att få hjälp, men hon hänvisade henne till Olof med orden "Han är den bäste läkaren här. Be honom lägga sina händer på pojkens hals och lämna bud från mig om han inte vill göra det annars."

När kvinnan lagt fram sitt ärende inför Olof bad han henne först uppsöka läkarna, men gick med på att lägga sina händer på pojkens hals när kvinnan sagt att det var drottningen som skickat henne att uppsöka honom. Kung Olof tog alltså med händerna runt pojkens hals och masserade svullnaden länge, tills pojken rörde munnen.

Snorre berättar vidare: "Då tog kungen bröd och bröt det och lade det i ett kors i sin handflata. Sedan lade han det i pojkens mun och denne svalde ned det. Därefter försvann värken i halsen. Efter några dagar var pojken helt frisk."[4] Först trodde man att Olof hade goda läkarhänder,

---

[4] Snorre Sturluson, *Nordiska kungasagor: 2. Olav den heliges saga*, Fabel Bokförlag, 1993, s. 288.

men när andra mirakler kring honom började omtalas började man betrakta även detta som ett under.

Efter att ha bett Gud om råd och ett järtecken för att se vad som var bäst och hans plikt, fick Olof i en dröm se en stor ståtlig man i dyrbara kläder stå invid hans säng. Olof trodde att det var den döde, en gång så mäktige Olav Tryggvasson, av kung Harald hårfagers ätt, som visade sig för honom och uppfattade detta som det tecken från Gud som han bett om.

Att han också eggades av sina män gjorde att Olof så återvände till Norge och mötte den danska hären i slaget vid Stiklastad. I denna strid som skulle bli hans sista bar kung Olof en vit sköld med det heliga korset målat i guld, en förgylld hjälm på huvudet, ringbrynja och ett svärd med fästet omvirat av guld.

Vi låter biskop Erlendsson i Trondheim berätta:

Under natten före den dag då den berömde martyren led döden uppenbarade sig Herren Jesus för honom och tröstade honom milt med goda, lugnande ord. 'Närma dig mig, min älskade, ty det är nu tid att du skördar de ljuva frukterna av dina mödor och att du får mottaga den eviga ärans krona och i evig glädje njuta Vårt umgänge.'

Martyren fick stor tröst av denna vision och i glädje över den outsägliga ljuvlighet som han hade mottagit i stort mått frambar han sig med jubel som ett offer till lidandet, då han nu på ett profetiskt sätt fått kunskap om den stege han nyss under sömnen hade sett rest mot himmelen. Därefter skulle han så lyckligt stiga upp till den sällhet som han hade sma-kat. (Citatet är nyöversatt från latinet)

Strax före slaget tog sig Olof tid att undervisa en ung äd-ling i den kristna tron. Den unge mannen ville slåss på Olofs sida, och Snorre berättar att Olof sade så här till kämpen: "Du skall tro att Jesus Kristus har skapat himmel och jord och alla människor och att alla som varit goda och haft den rätta tron skall komma till honom efter dö-den."[5] Ädlingen lät döpa sig och stred sedan med kung Olof.

Figur 1. Peter Nicolai Arbos målning av S:t Olofs död, där Tore Hund ses sticka spjutet i helgonet (foto: Wikimedia Commons)

Danskarna avgick med segern vid Stiklastad, och kung Olof stupade. Han blev huggen i knät av en yxa, vacklade

---

[5] Snorre Sturluson a.a. s. 310.

till och lutade sig därvid mot en sten, slängde svärdet och bad Gud hjälpa honom. En man vid namn Tore hund blev den som med spjutet dödade Olof, först inunder brynjan och upp i veka livet, sedan med ett hugg i halsen till vänster. Det var den 29 juli år 1030.

När liket gjordes i ordning och blodet torkats bort, var Olofs ansikte mycket vackert och kinderna röda som om han sov. Hans baneman Tore Hund fick Olofs blod på sin arm och blodet rann ned över handryggen, där Tore sårats och detta sår läkte då fort. Tore Hund svor eder och vittnade om detta när Olofs helighet började stå klar för folket.

Figur 2. Stiklestads kirke, byggd där S:t Olof stupade
(foto: Wikimedia Commons)

Det berättas också att man såg ljussken vid den plats där Olof legat död på slagfältet och ljus där man senare grävde ned liket för att gömma det. Senare seglade en man vid namn Torgils till Nidaros med kungens kista och redan på vintern började man i Trondheim tala om att Olof varit en helig man. Det förekommer nu många vittnesbörd om hans helighet; folk blir friska och får färdkost och annat. När nästa sommar kom, började även Olofs fiender att intyga att han var helig.

Efter tolv månader och fem nätter grävdes Olofs kropp upp under överinsyn av biskop Grimkel. Det spred sig då en ljuvlig doft och Olofs ansikte var oförändrat med röda kinder. Hans hår och naglar hade vuxit precis som på en levande. Biskopen skar av en bit av skägget och håret och lade det på en eld. Varken skägget eller håret brann upp. Sigvat skald skriver:

> *Jag ljuger om jag säger*
> *att Olofs hår inte*
> *växte som om han levde*
> *Jag hedrar konungens män.*
> *Ännu bevaras håret*
> *för mannen som skänkte*
> *synen åter till Valdemar*
> *i Gårdar. Han blev frisk.*

En källa sprang upp där Olof legat nedgrävd och i kyrkan som byggdes ringde klockorna av sig själva och ljusen började brinna utan att någon tände dem, av himmelsk eld. Många halta och blinda kom dit och gick därifrån friska. Torarin lovtunga skriver:

Kung Olof hade med sant vikingamod kämpat mot hedendomen, mot trolldom och styggelser och för Kristus Konungen, och tidigt spred sig alltså berättelserna om de järtecken och under som skedde genom hans medlande. Han blev av biskop Grimkel förklarad som en helig man, kanske redan 1031 eller 1032. Påvligt beslut behövdes inte på den tiden.

Figur 3. Nidarosdomen i Trondheim, där S:t Olof ligger begravd (foto: Wikimedia Commons)

S:t Olofs grav finns således i Nidarosdomen i Trondheim, som tidigt blev det viktigaste pilgrimsmålet i Norge. Även

S:t Olofs kyrka på Österlen i Skåne blev en vallfartsort av betydelse. Olofskulten var livlig där på 1200- och 1300-talen, och under medeltiden firade man en särskild Olofsmässa. Skaror av trogna, sjuka och behövande begav sig för att be helgonet om hjälp, och man undrar ju varför det blev så just där. Olika slags Olofsminnen finns fördelade ganska jämnt över hela Norden. I Lunds domkyrka inrättades till exempel på 1200-talet ett särskilt S:t Olofsaltare, och i kyrkan i Åhus i nordöstra Skåne finns en kalkmålning som föreställer kung Olofs död vid Stiklastad år 1030.

Figur 4. S:t Olofs kyrka i S:t Olof på Österlen (foto: Oscar Porath)

Den nuvarande kyrkan i S:t Olof byggdes på 1200-talet. Vid vattnet i källådern invid S:t Olofs gård har människor troligen offrat långt innan kyrkan byggdes. I S:t Olof sökte människor bot för olika slags sjukdomar och lyten, och halta, blinda, lama och spetälska forslades dit. Man kysste helgonets bild och strök sig med S:t Olofs yxa inne i kyrkan och offrade och drack ur S:t Olofs källa, som ligger en kort bit från kyrkan.

Figur 5. S:t Olofs staty med yxan i kyrkan i S:t Olof på Österlen och hans källa vid S:t Olofs gård (foto: Oscar Porath)

Någon lärd har hävdat att S:t Olofs yxa kunde ha Tors hammare som förebild samt att källan invid var en Torskälla. Det har dock inte gått att påvisa något samband mellan asaguden Tor och Olofskällan. En yxa är ju en yxa och en hammare en hammare, vilket även en akademiker borde kunna inse. Faktum är att kung Olof under sin sista strid fick ett hugg med en yxa i knät som gjorde att han förlorade balansen, vacklade till och fick sedan dödsstötarna med spjut, såsom berättats ovan. Alltså är yxan helgonets martyrredskap.

När Carl von Linné under sin skånska resa under 1700-talet besökte S:t Olof dokumenterade han att altaret i kyrkan innehållit Olofs reliker, men dessa försvann innan de hann undersökas. Kyrkklockan, gjuten 1444, bär ett pilgrimsmärke med S:t Olofs bild.

I den berömda legenden om hur kung Olof och hans halvbror Harald Hårdråde seglade ikapp, först för att nå Trondheim och sedan för att nå Danmark för att erövra den norska kronan respektive den danska, vilka båda hade arvsrätt till, berättas att danskarna hade beslutat att ge sitt kungarike till den av bröderna som kom fortast fram till Danmark. Det blir Olof som når fram först; bergen öppnade sig självmant och fylldes med enorma mängder med vatten (detta blev sedan Öresund), och han kunde lätt fortsätta seglatsen och hinna fram långt före sin rival. Ungefär samma sak berättas alltså om tävlingen att nå Trondheim först. I sagan förvandlar sig förloraren Harald Hårdråde till en orm eller en drake. Enligt dessa berättelser deltog Olof i den heliga mässan innan han började kappseglingen.

Det har hävdats att det skulle finnas en lokal tradition om att kung Olof faktiskt stupade i Skåne, men detta stämmer ju, som sagt, inte med verkligheten. Andra menar dessutom att uppgiften om den lokala traditionen är felaktig.

Kanske dessa saker sammantagna ändå i viss mån kan förklara varför Olof blev ett så älskat helgon nere i Skåne: Hans reliker i kyrkan, berättelserna om de stora miraklen kring honom vilka spreds med pilgrimerna och att han hade haft anspråk på den danska kronan, som ju Skåne lydde under vid denna tid.

...och han *kan* ju ha befunnit sig på orten under någon av sina många strider i Skåne...

***

År 1952 intervjuades dåvarande kyrkvaktmästaren i S:t Olofs kyrka på Österlen i Skåne i radio av reportern Olof Forsén. Den gamle vaktmästaren berättade då att han 1939 varit uppe på vinden i sakristian i kyrkan och där hade han med egna ögon sett en samling av kryckor och käppar som handikappade och nu botade människor hade lämnat kvar. Kryckorna och käpparna finns inte där längre, men vaktmästaren betygade att han själv sett dem.[6]

Pastor C.A. Wassberg skrev år 1819 att man på S:t Olofs-dagen den 29 juli kunde få se "en otrolig mängd blinda, döva, halta och lama personer och flera som hava ohyggliga sjukdomar såsom ondskorv, kräfta, skabb, bölder m.fl."[7]

Det är inte förgäves om man upprepar den okände pilgrimens runor: *Sante Ole, bed för mig.* S:t Olof hjälper bl.a. vid sjukdom, både yttre och inre åkommor, för hjälp med

---

[6] Nils-Arvid Bringéus: *Vallfärder till S:t Olof,* Föreningen för fornminnes- och hembygdsvård i Sydöstra Skåne, Skrift 37, 1997, s. 49.

[7] Ibid. s. 47

försörjning[8] och då man vill avvärja de onda andarna.[9] Underlåt inte att be denne sanne Guds stridsman om hjälp både i stort och smått.

Två viktiga vallfartsorter är:

- Nidarosdomen i Trondheim
- Sankt Olofs kyrka i Albo härad i sydöstra Skåne

Helgonets dag firas:

- den 29 juli

Källor:

Tryggve Lundén: *Sveriges Missionärer, helgon och kyrkogrundare*, Bokförlaget Artos, 1983

Nils-Arvid Bringéus: *Vallfärder till S:t Olof,* Skrift nr 37, Föreningen för fornminnen och hembygdsvård i Sydöstra Skåne, 1997

Snorre Sturlasson: *Nordiska kungasagor: 2. Olav den heliges saga,* Fabel Bokförlag, 1993

[Öysteinn Erlendsson] (utg. F. Metcalfe): *Passio et miracula Beati Olavi ,* Clarendon Press, 1881

---

[8] Ibid. s. 47

[9] Snorre Sturlasson berättar om hur S:t Olof kämpade mot all slags trolldom och vidskepelse. Adam av Bremen (död c:a 1085) skrev bara några år efter S:t Olofs död i sin kyrkohistoria om hur helgonet kämpade mot trollkarlar, siare och andra av Antikrists underhuggare.

Acta Academiae Catholicae Suecanae/ Svenska Katolska Akademiens handlingar

6. Pierre-Joseph de Clorivière, S.J.: **Tankar om yttre och inre bön**; Stockholm 2013
   Mjukband: ISBN 978-91-7463-413-6, riktpris 99 SEK
   Inbunden: ISBN 978-91-7463-242-2, riktpris 250 SEK
7. S:t Thomas ab Aquino: **Kommentar till Johannes-prologen**; Stockholm 2015
   Inbunden: ISBN 978-91-7463-644-4, riktpris 225 SEK
8. Jon Peter Wieselgren: **Påve och kuria**; Stockholm 2015
   Inbunden: ISBN 978-91-7463-651-2, riktpris 271 SEK
9. Michael Davies: **Den romerska mässan - en kortfattad historik**; Stockholm, 2015
   Mjukband: ISBN 978-91-7463-664-2, riktpris 28 SEK
   Inbunden: ISBN 978-91-7463-666-6, riktpris 149 SEK
10. Leo X: **Två bullor mot Martin Luther: Exsurge Domine och Decet Romanum Pontificem**; Stockholm, 2016
    Mjukband: ISBN: 978-91-7699-083-4, riktpris 33 SEK
11. Joel S. Peters: **Skriften allena? 21 anledningar att förkasta "sola scriptura"**; Stockholm, 2016
    Mjukband: ISBN: 978-91-7699-267-8, riktpris 30 SEK
12. Ingela Persson: **Sankt Olof (995-1030)**, Stockholm, 2017
    Mjukband: ISBN: 978-91-7699-611-9, riktpris 32 SEK

Beställ via bokhandeln - se
http://katolska-akademien.se/Acta.aspx!

Skandinavisk Katolsk Tidskrift

Tidskriftens övergripande mål är att befrämja kunskap om den katolska tron och dess konsekvenser på olika områden, t.ex. för kultur- och samhällsliv. Den är inriktad mot traditionell katolsk teologi, filosofi och spiritualitet samt katolsk apologetik och samtidskritik, men innehåller även många andra inslag, t.ex. kommentarer till utvecklingen i Kyrkan, Sverige och världen, artiklar om katolsk kultur och historia, material saxat från äldre nummer av olika nordiska katolska tidskrifter, böner, encyklikor, bokrecensioner, innehåll av pastoral och homiletisk karaktär o.s.v. En särskild avdelning ägnas åt praktisk och teoretisk undervisning i liturgi med tonvikt på liturgiens historia och tradition.

För information om hur man prenumererar och aktuellt pris se http://katolska-akademien.se/SKT.aspx!

Restexemplar av samtliga nummer av tidskriften kan köpas till rabatterat pris direkt från *Svenska Katolska Akademien:* Skriv till info@katolska-akademien.se för prisuppgift!